Name: ______________________

Name: ______________________________

A a

A A

a a

  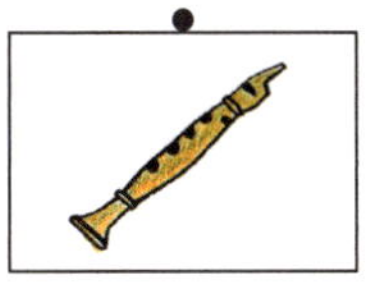  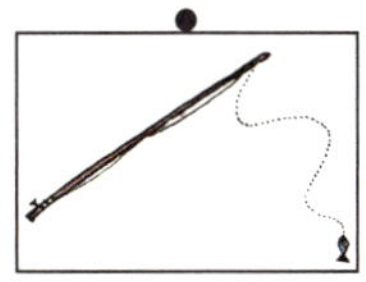 

Aa

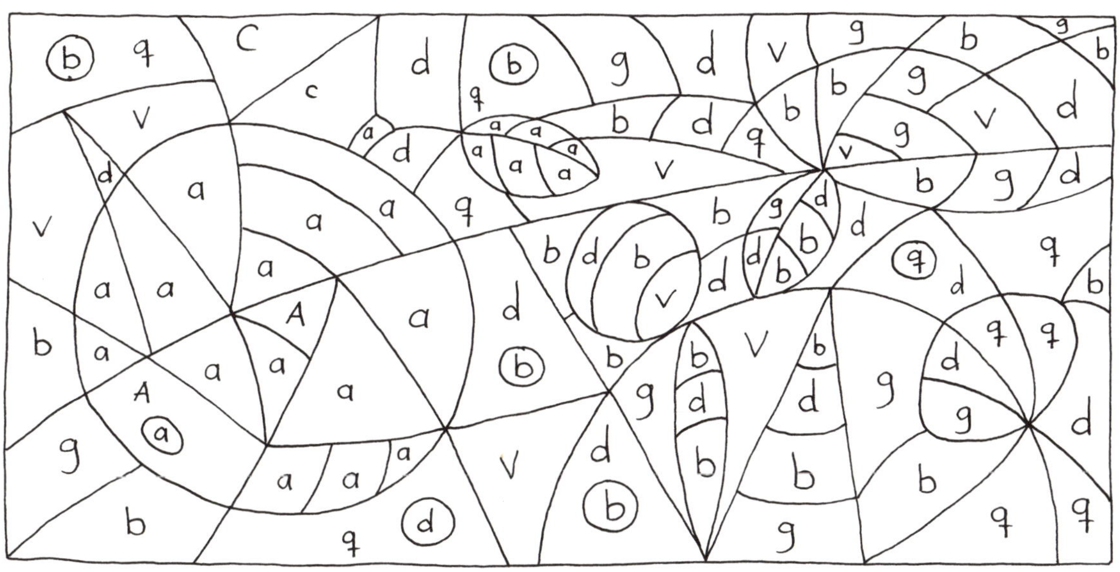

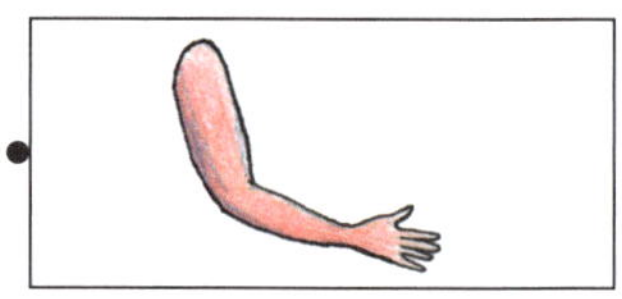

Aaaa!

Name: ______________________________

E e

E

e

Ee

E

Ente

Name:

I i

I

i

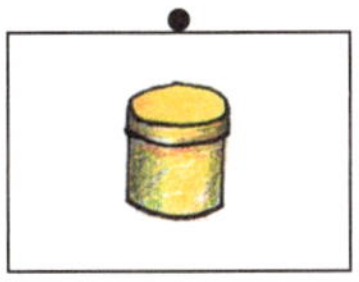

Ring

Ritter

Vampir

Imker

Limo

Bild

Taxi

Spinne

Name: ____________________

O o

O

O O

o o

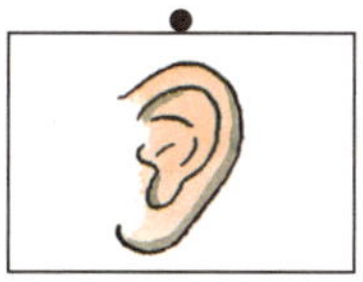

O o

O,o 14

O

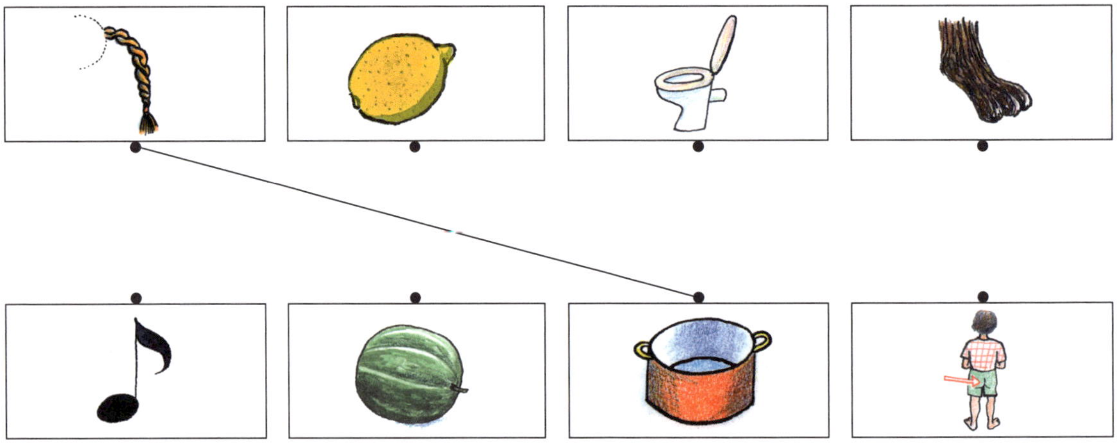

Name: ______________________________

U u

U

u

Uu

U

U

Uu

Name: ______________________________

M M

m m

   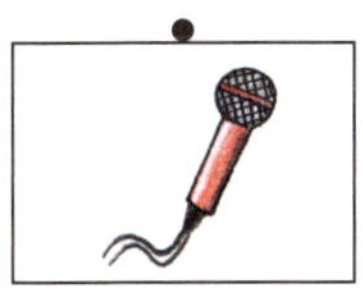  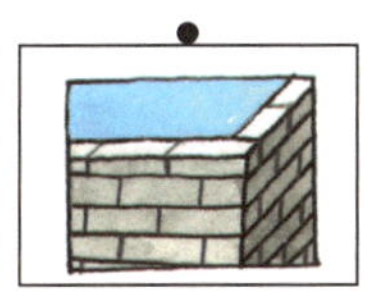

Mm

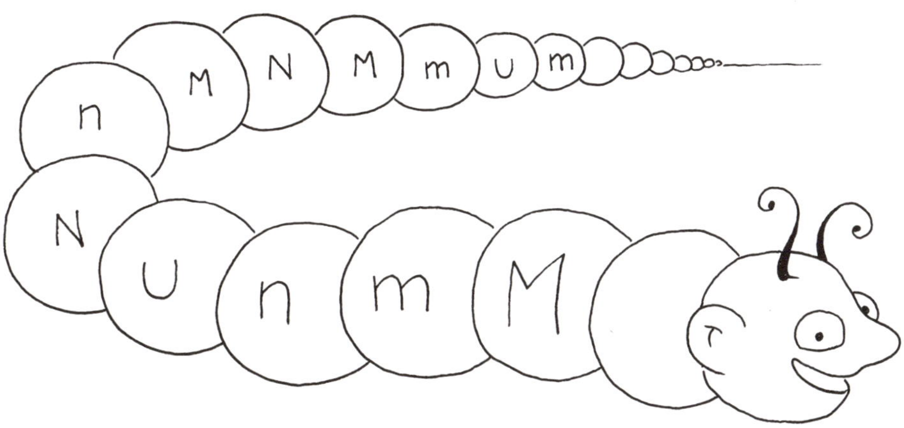

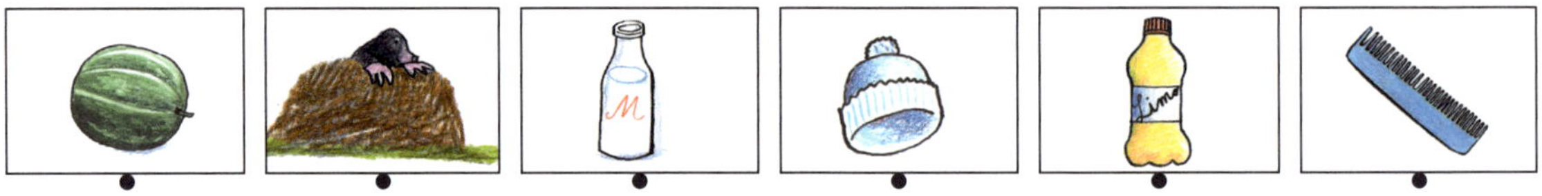

Name: ______________________________

L l

L

L

l

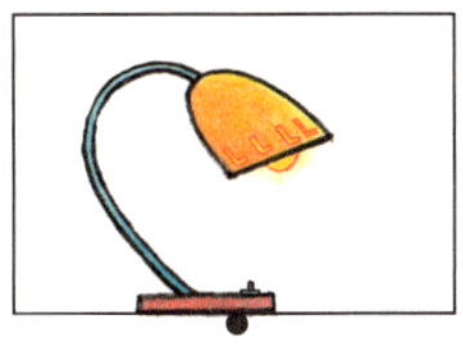

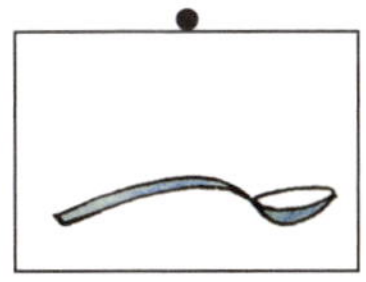
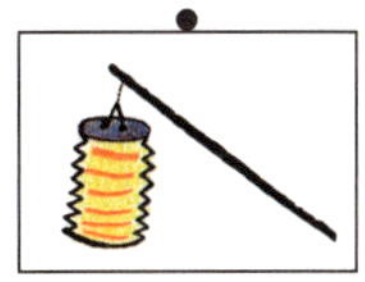

L l

L

Lö	ma	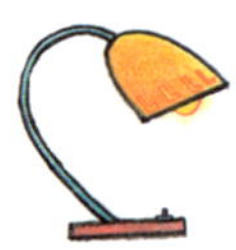
Lam	ter	
La	pe	
Lei	we	

Name: ______________________________

Ch ch

-ch

Ch

ch

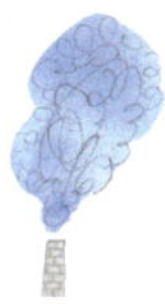 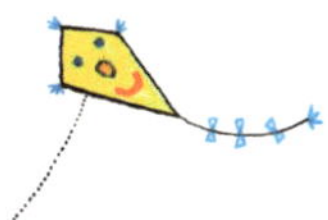    

Ch ch

ich

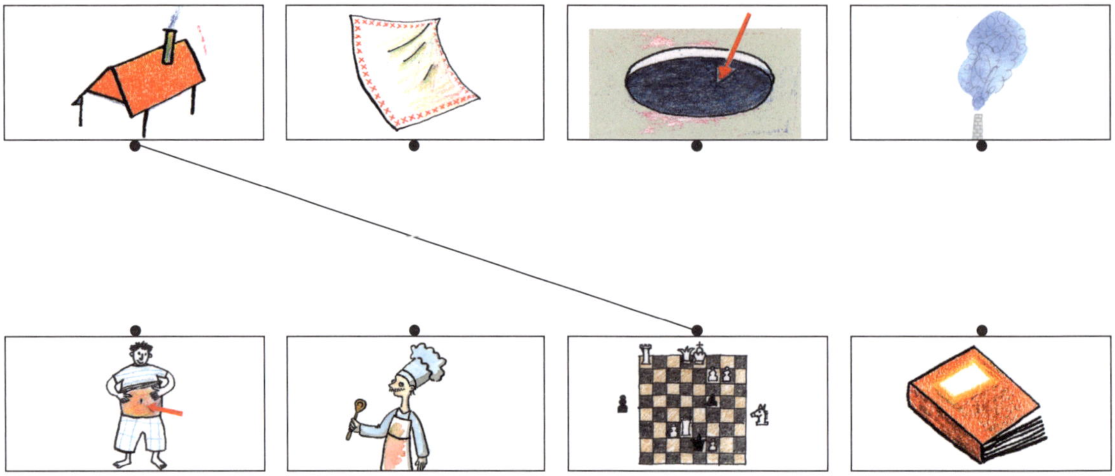

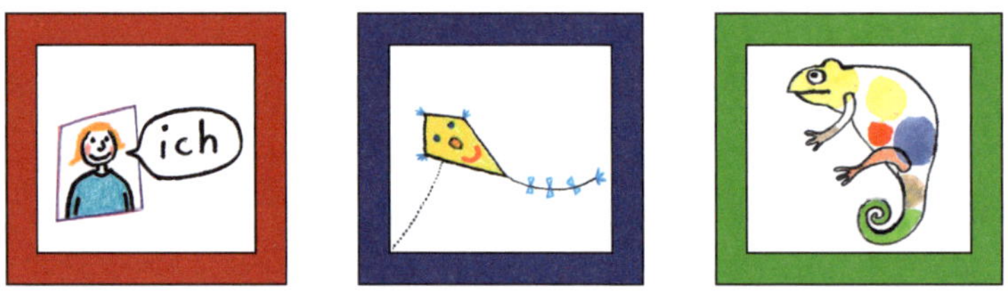
ich

Name: ______________________

B b

B

B B

b b

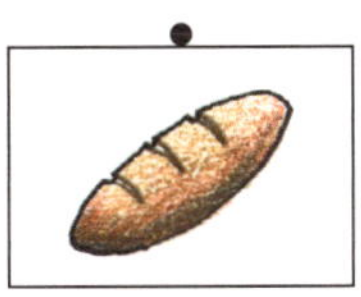

Bb

Besen

Name: ______________________________

S s

S

s

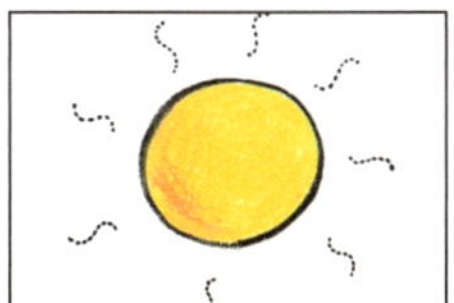

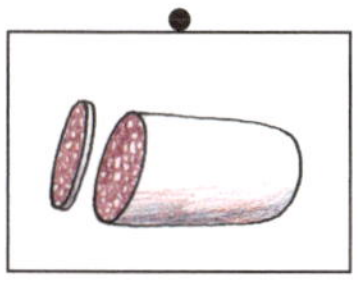

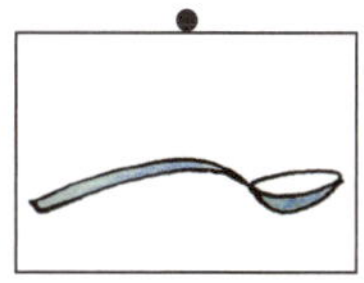

Ss

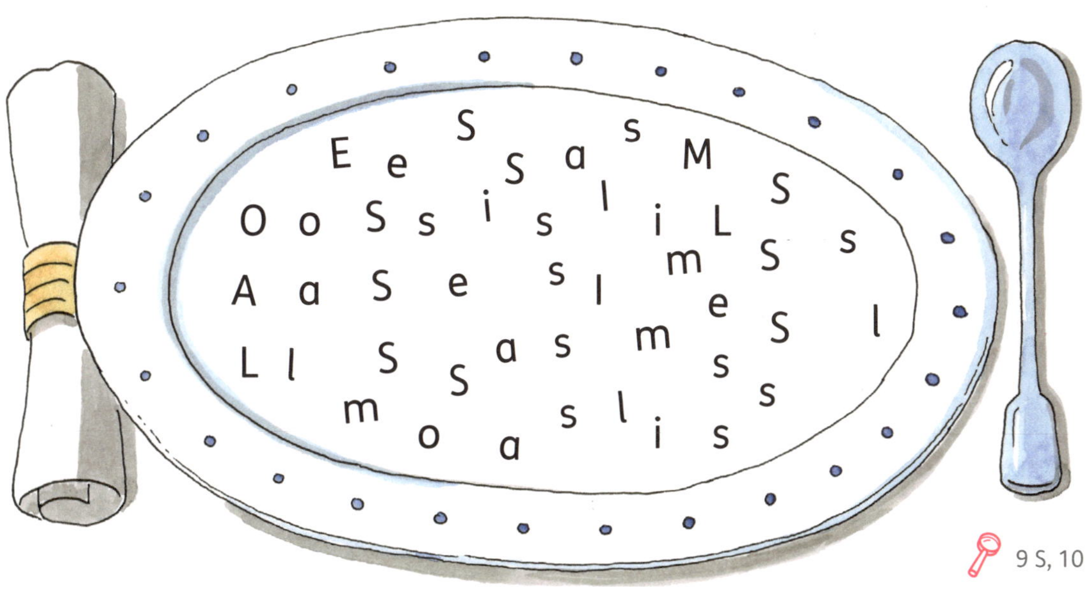

9 S, 10 s

S

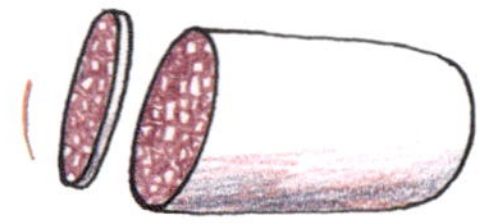

Name: ______________________________

D d

D

d

    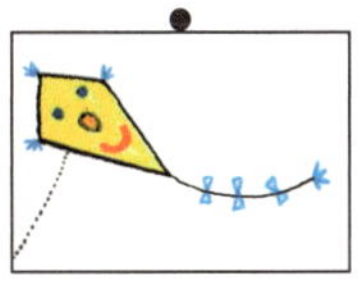 

Dd

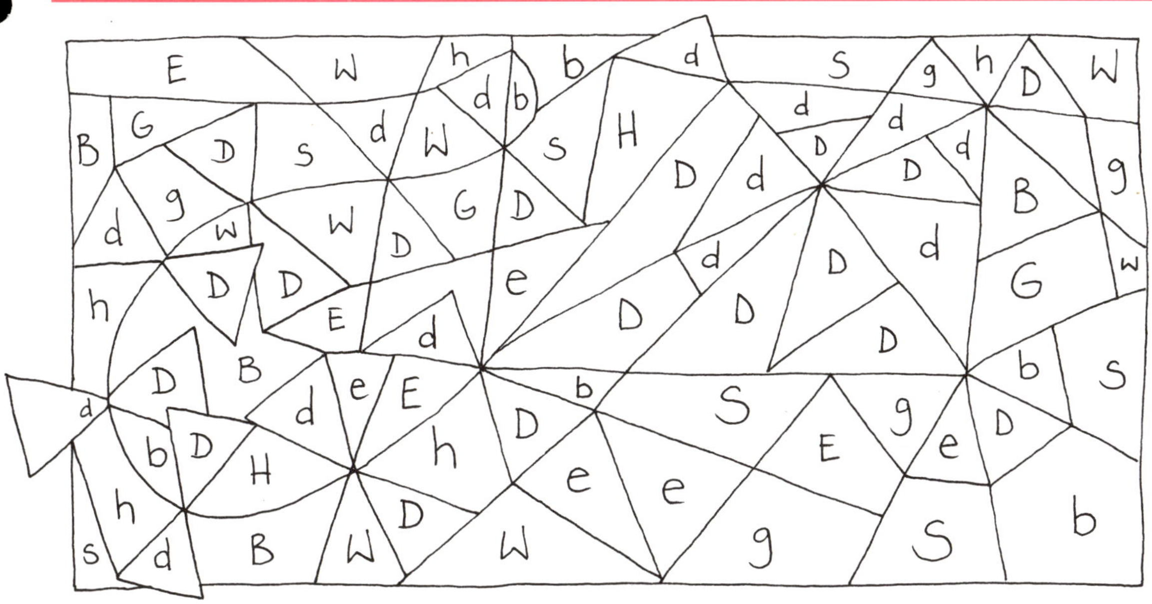

   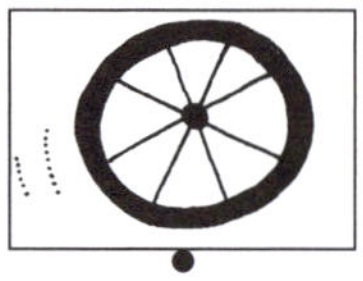 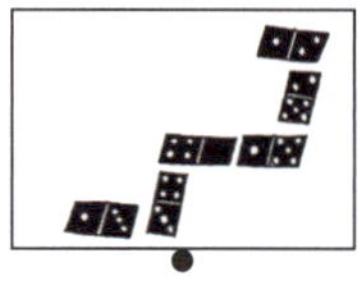 

D

i	D	a	m	e		Dame
W	a	l	d	B		
D	a	c	h	u		
o	D	o	s	e		
R	a	d	i	o		
A	D	i	n	o		
D	i	e	b	L		

Name: ______________________

W w

W W

w w

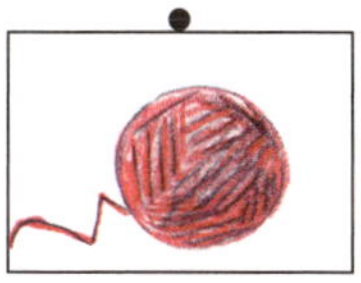 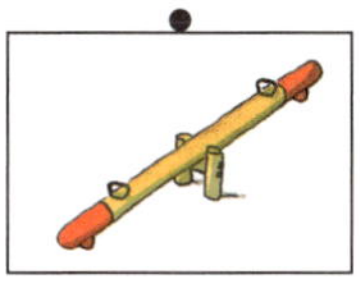    

Ww

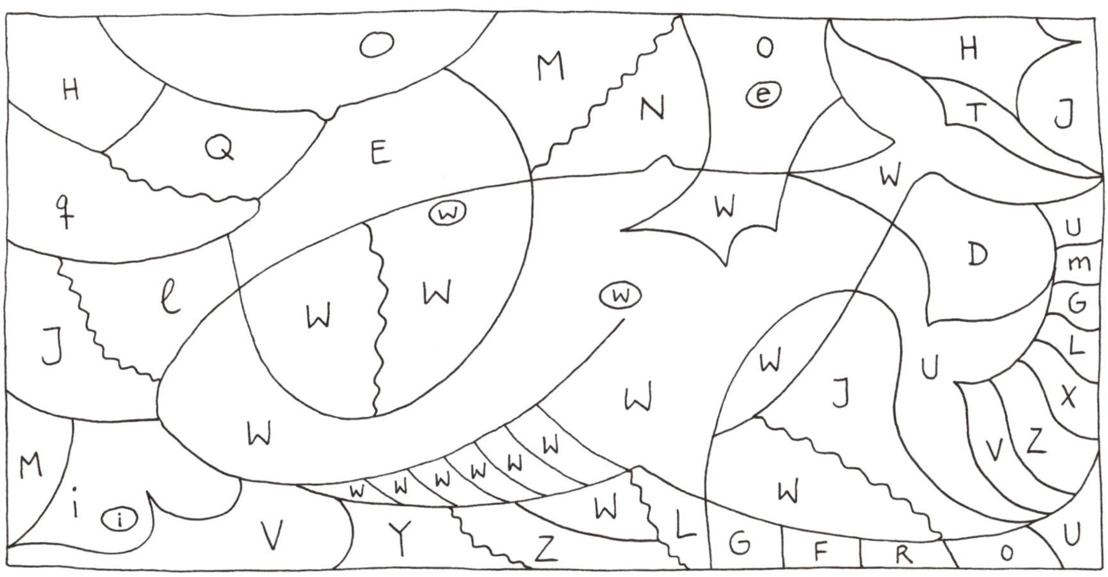

W

W

Wel	ke	pe
ge	Wol	Wip
Wie	Wal	le

Welle

Name: ______________________________

Sch sch

Sch Sch

sch sch

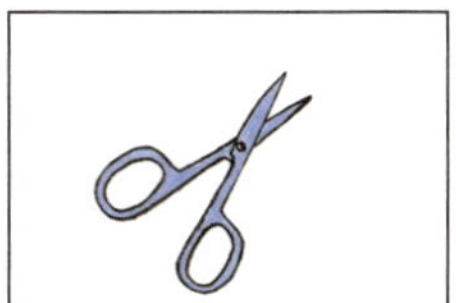

Schlüssel

Geschenk

Schirm

Schnecke

Lutscher

Schal

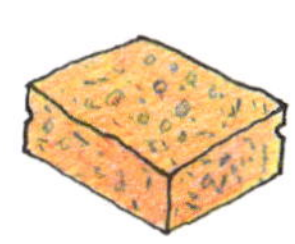
Schwamm

Kutsche

Sch

Sch

Name: ______________________________

G g

G

g

Gg

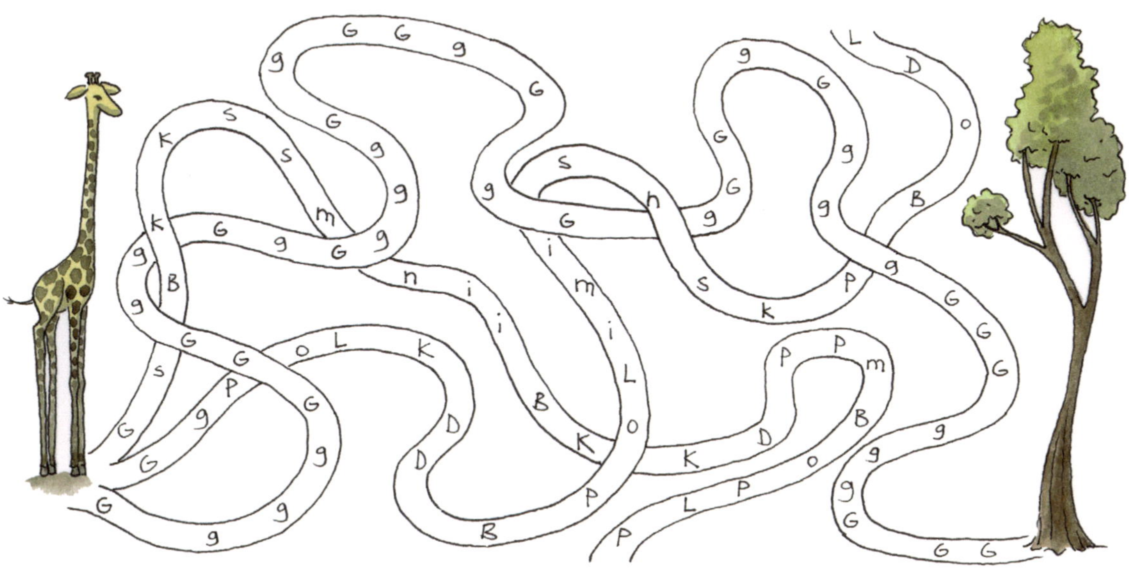

G

G

Na	bel		Nagel
Ga	gel		
Gur	ge	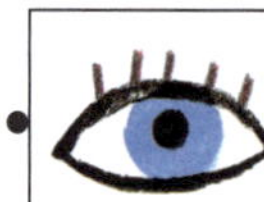	
Au	ke		

Name: ______________________

Au au

Au Au

au au

   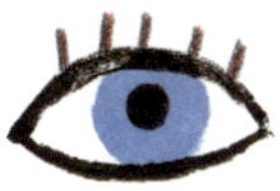  

☐ ☐ ☐ ☐ ☐ ☐

Taucher Pfau Pflaume Auto

  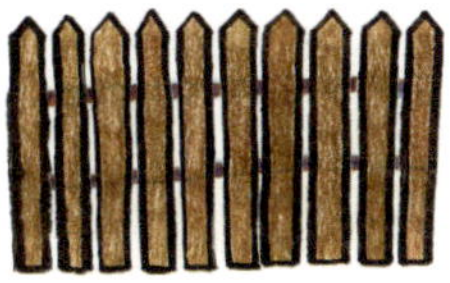 

Mauer Maulwurf Zaun Maus

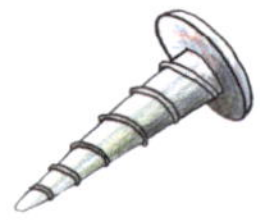

Schraube

Baum

4

Name: ______________________________

Ei ei

Ei

ei

Ei ei

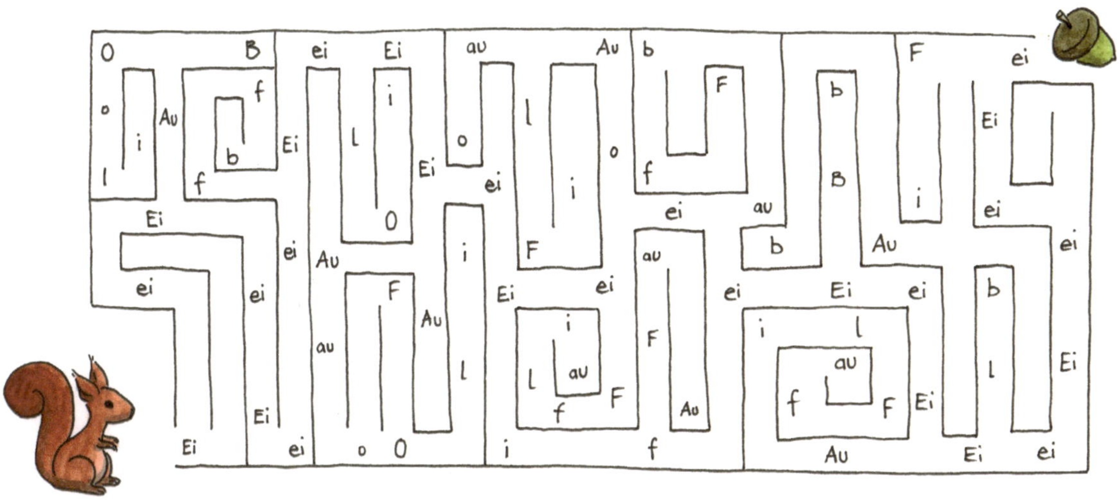

Ei	ne		Eimer
Bei	mer		
Rei	se	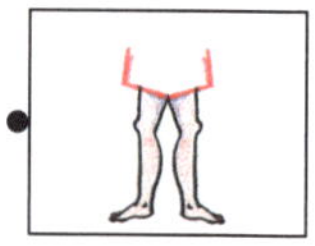	
Mei	ter		

Name: ______________________________

Eu Eu

eu eu

Eu eu

Eu eu

Eu

Name: ______________________

Ö ö

Ö

ö

Öö

5 Ö, 2 ö

Ö

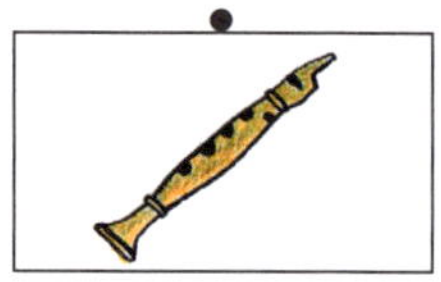

4

Name: ______________________________

Ü ü

Ü Ü

ü ü

☐ ☐ ☐ ☐ ☐ ☐

Tür | Tüte | Kürbis | Bürste

 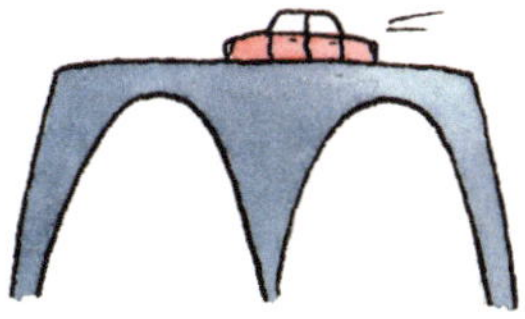  

Küken | Brücke | Würfel | Mütze

Ü

Ü

Flü		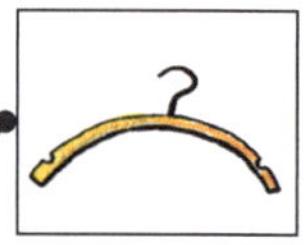	Bügel
Schüs	gel		
Bü	sel		
Rüs			

Name: ____________________

N n

N

n

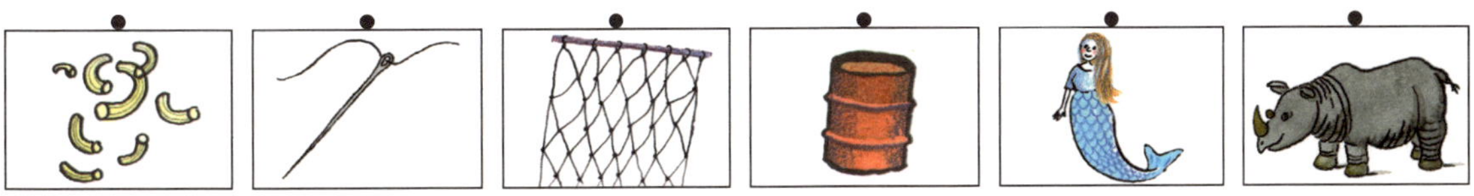

Nn

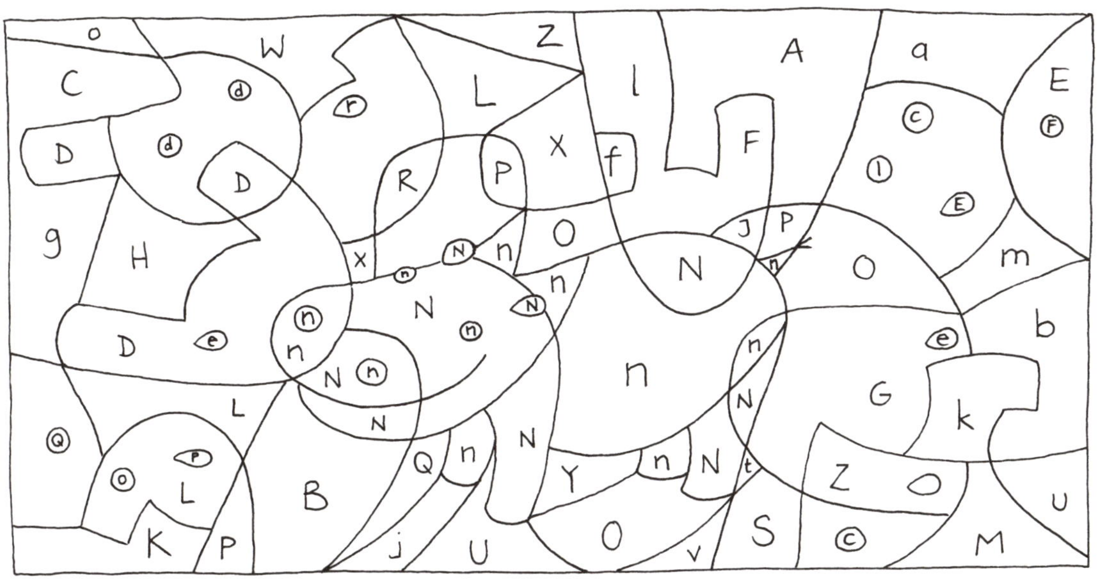

Name:

H h

H

H H

h h

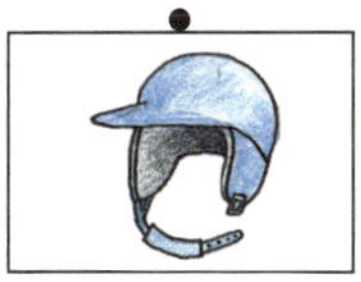

Hh

Ho	pe		
Hams	se		
Hu	ter		

Name: ______________________

R r

R

R R

r r

Ritter

Roboter

Roller

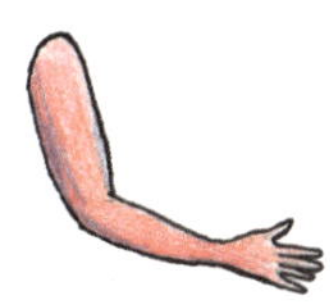
Arm

Tiger

Pirat

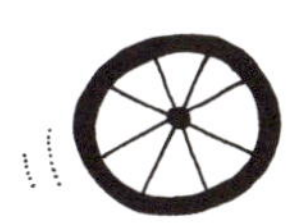
Rad

Ruder

R

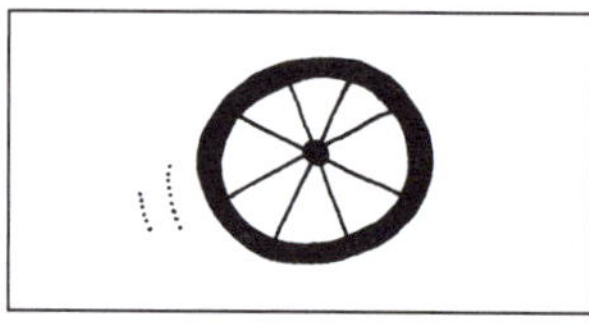

Ro

Ra

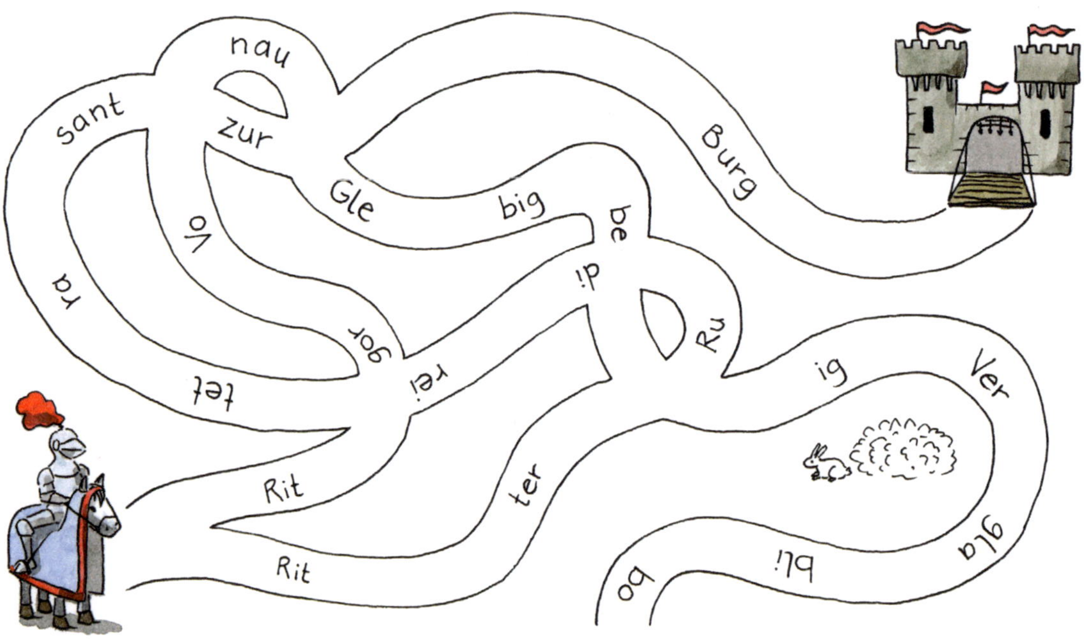

Ritter

Name: ______________________________

P p

P P

p p

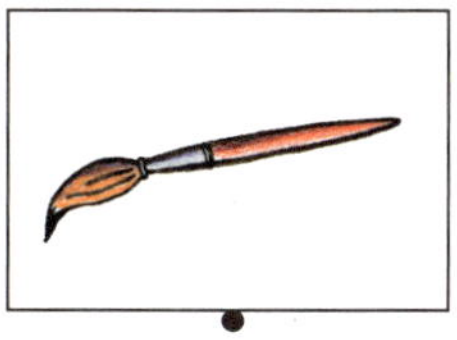

Pp

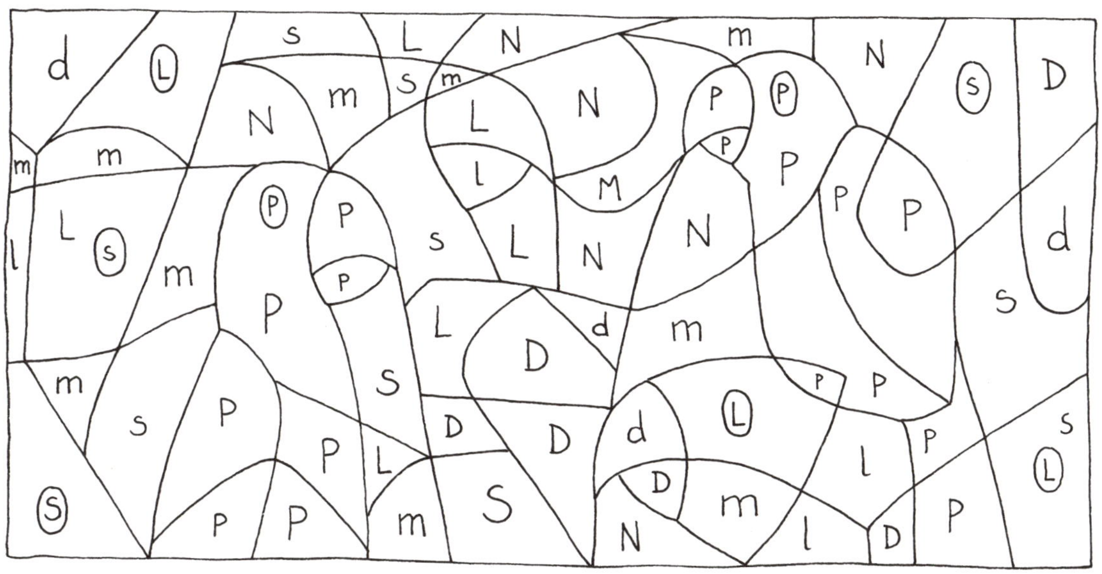

P

Name: ______________________  Z z

Z

z

Z

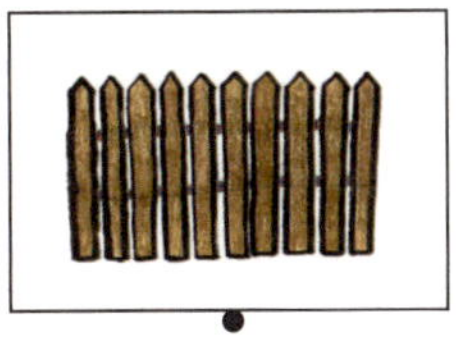

Z

Zwie	ra	
Zeb	ge	
Zie	bel	

Name: ______________________________

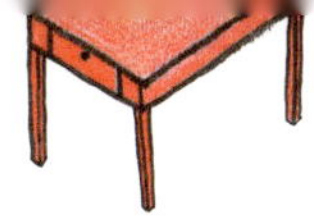

T t

T

t

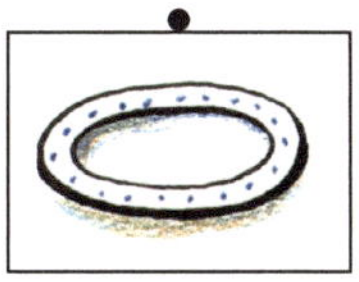

Tt

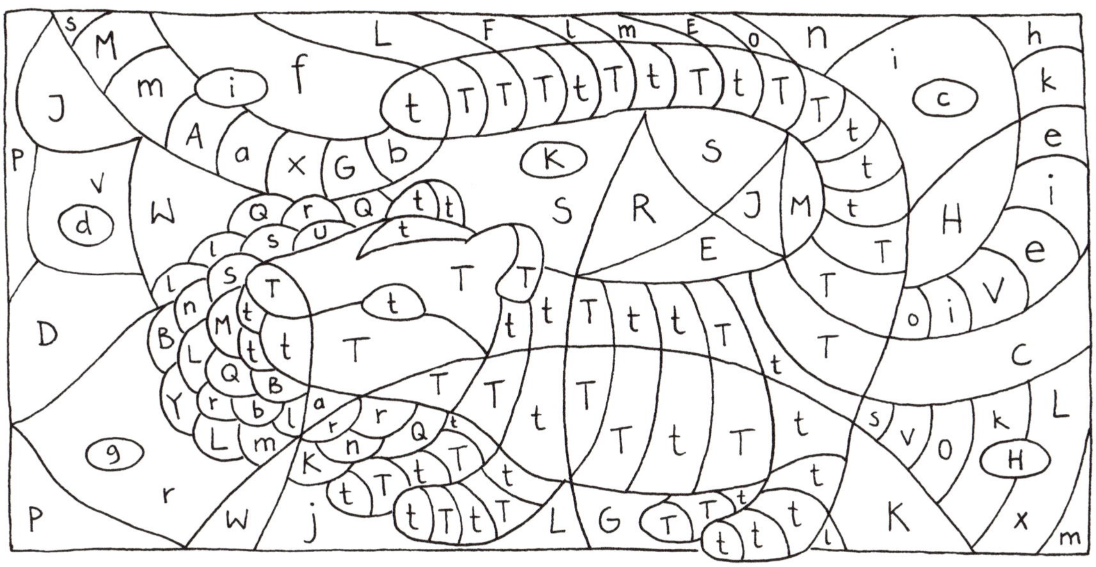

T

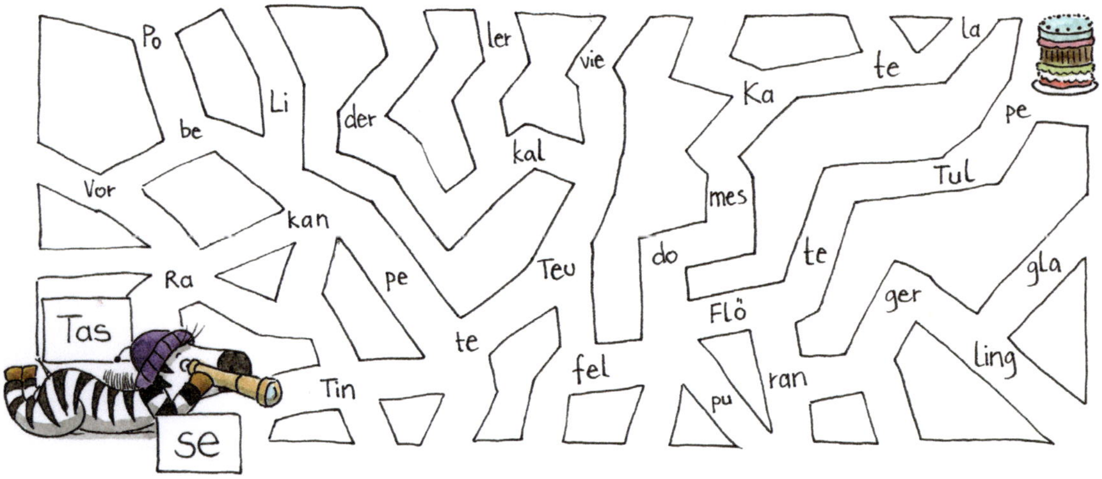
Po
Li
der
ler
vie
Ka
te
la
be
kal
pe
Vor
kan
mes
Tul
do
te
Ra
pe
Teu
Flö
ger
gla
Tas
te
fel
ran
ling
Tin
pu
se

T

Tasse

Name: ______________________

F f

F F

f f

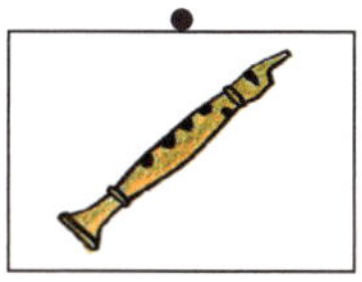

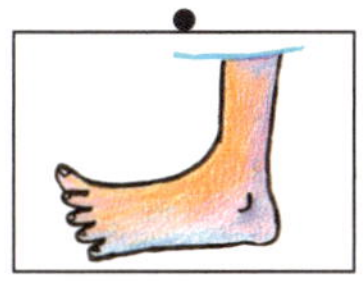

Ff

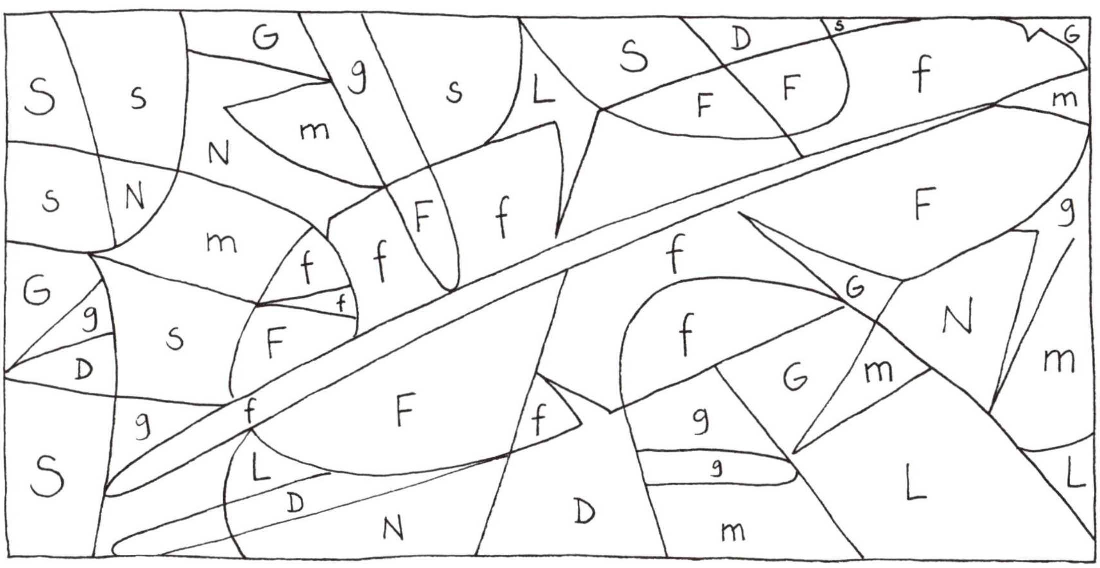

F

F

Name: ____________________

J j

J J

j j

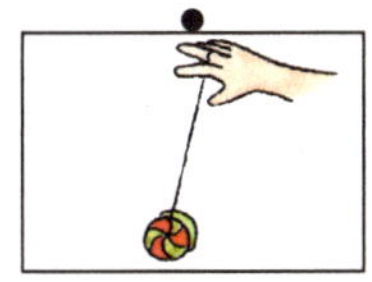

J j

J

Bo	gurt		
Jä	je		
Jo	ger		

J

Name: ______________________________

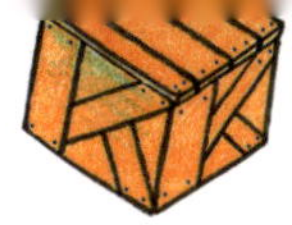

K k

K K

k k

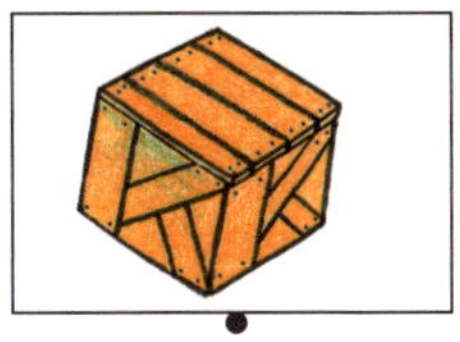

K

Kk

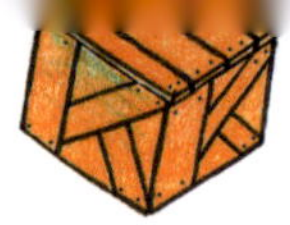

Kak | ne | Kür | mel | Kro | wi | Kat | bis

Ki | ze | Ka | tus

 Kaktus

K

Name: ______________________

Qu qu

Qu Qu

qu qu

Qu qu

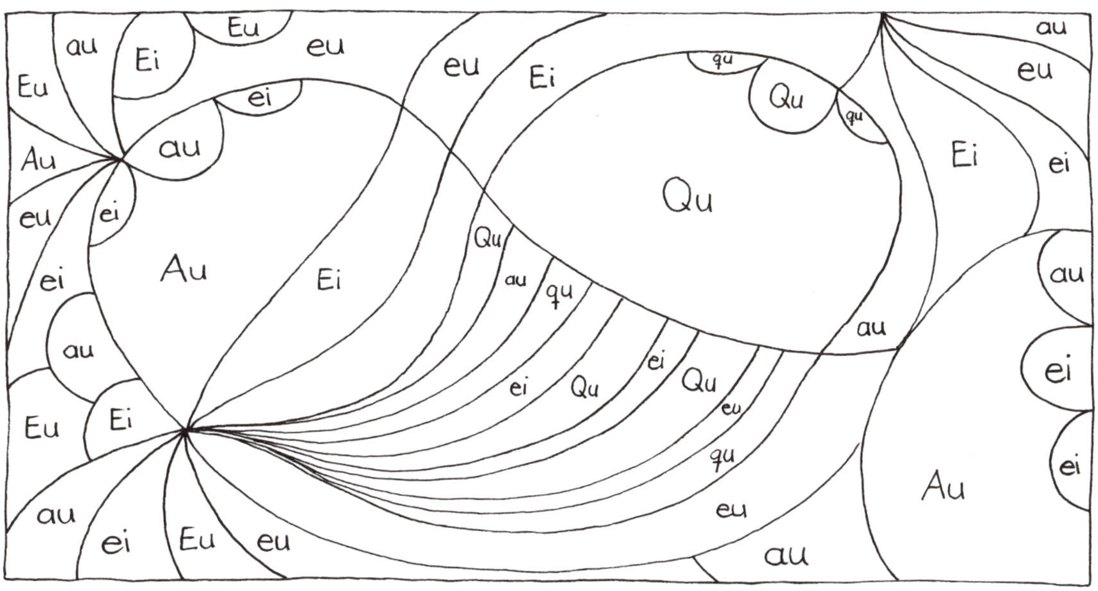

Qu

Qual	drat		
Qua	tett		
Quar	le		

Name: ______________________________

X x

X X

x x

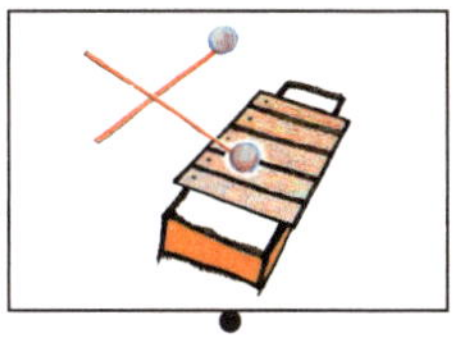

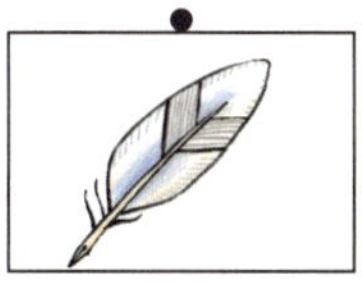

Boxer	Axt	Hexe	Lexikon	Taxi

X

Mi			
Bo	xe		
Ni	xer		Mixer
He			

Name: ____________________

Ypsilon Y y

Y Y

y y

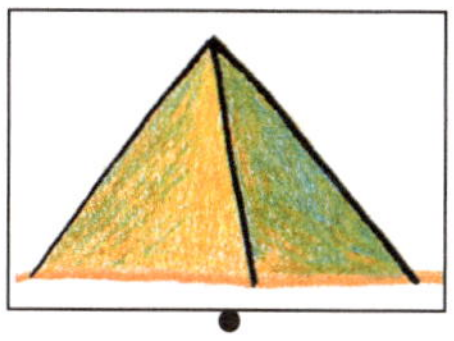

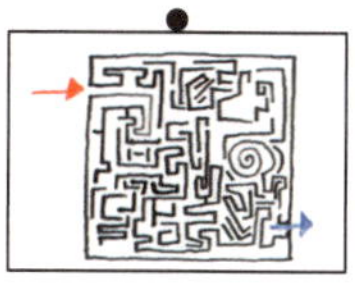

Yy

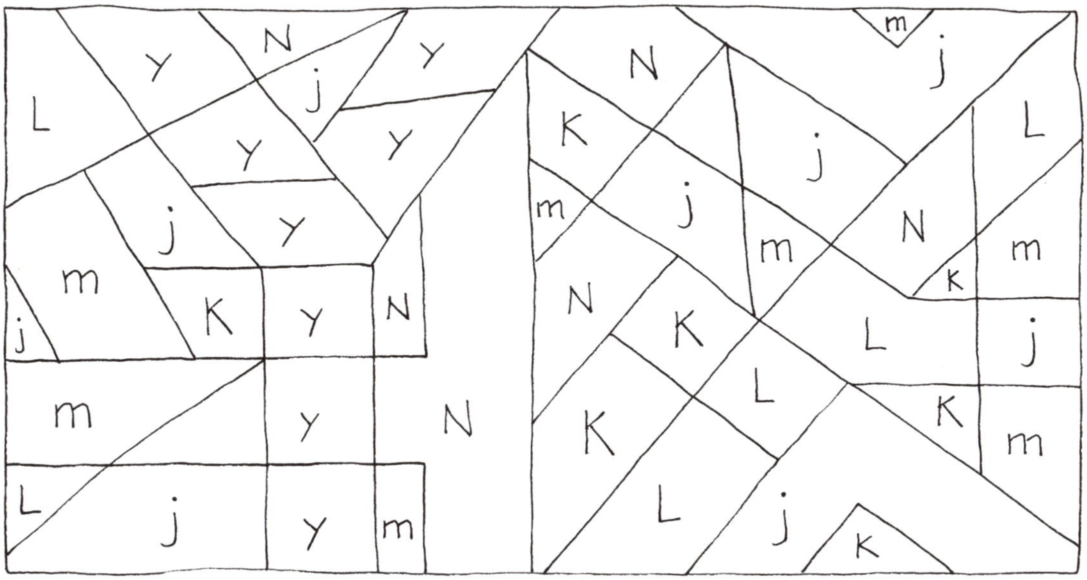

Y

 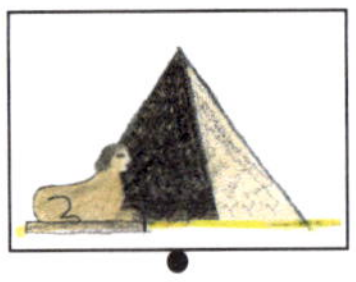 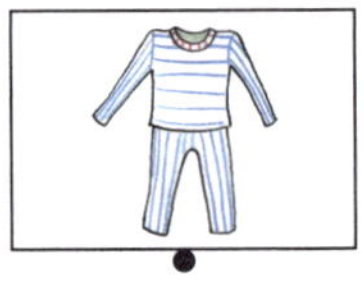  

Olympiade	Zylinder	Pyjama	Labyrinth	Ägypten

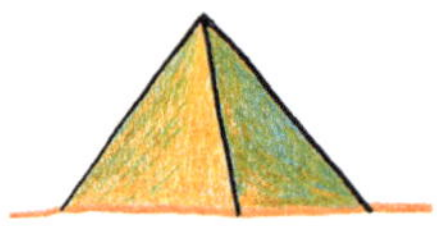 

G	e	l	u	H	a	n	d	y	m
S	n	P	y	r	a	m	i	d	e
P	o	n	y	u	n	g	Y	a	k
m	i	Z	y	l	i	n	d	e	r
D	y	n	a	m	o	f	i	s	l

Name: ______________________________

C c

C

c

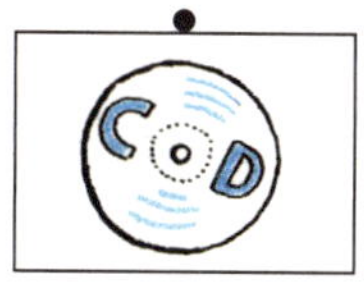

Cc

C

Com		ter	
	bri		
Ca		mic	
	pu		
Co		o	

Sp Sp

sp sp

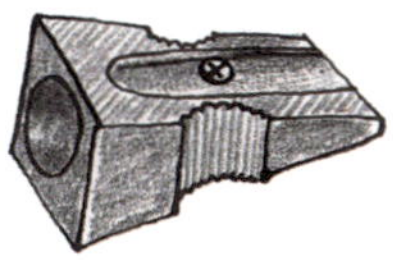

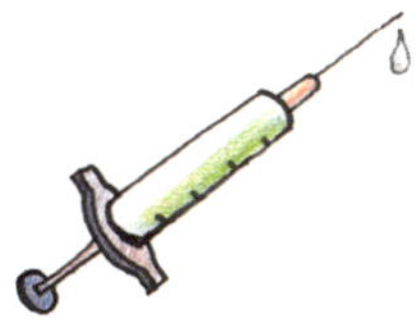

Spaten Gespenst Spitzer Spritze

Sp

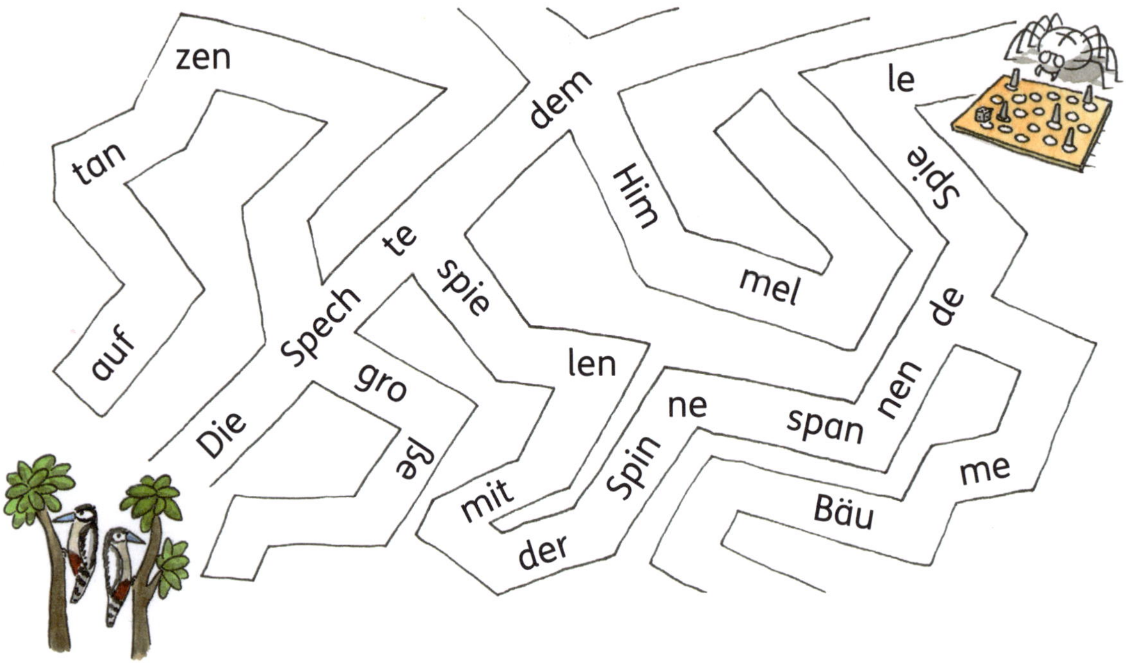

Spa	nen	ei
Spin	gel	ti
Spie	get	netz

Name: ______________________________

St st

St

st

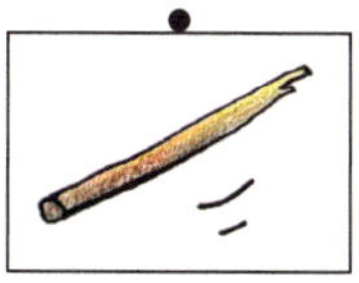 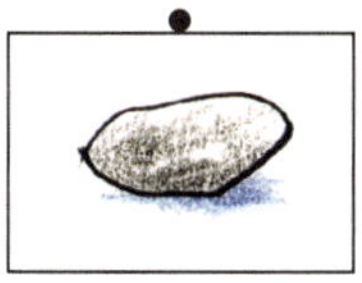    

Stau

Stachel

Stuhl

Storch

Baustein

Stein

Zauberstab

Stempel

St

St

Stel	pel		Stelzen
Stem	fel		
Stie	zen		
Ster	ne		

Name: ______________________________

Pf

pf

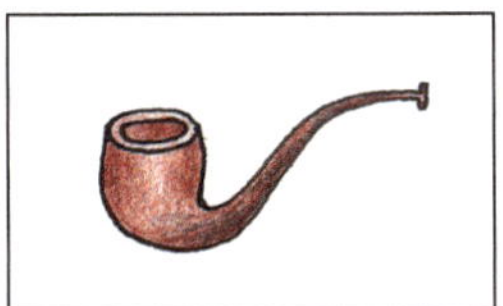
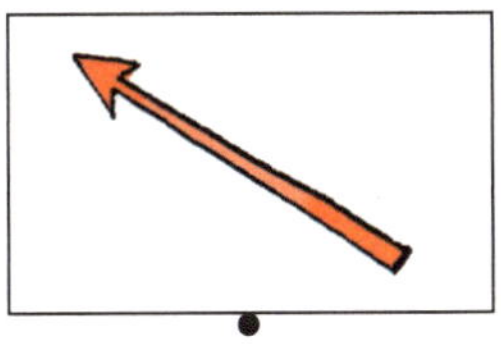

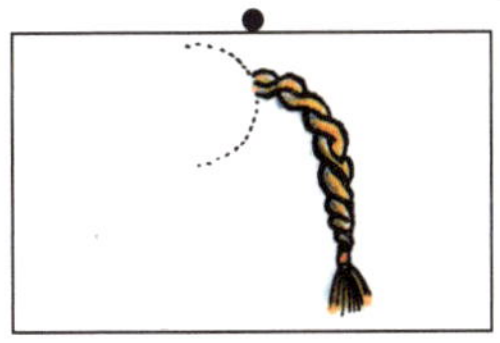

Pf pf

Pflaume Apfel Tropfen Pfote
Pfirsich Pferd Pfeife Schnupfen
Zapfen Pfau
Knopf
Pfeil Pfütze

Pf 8, pf 5

Pf

Pf

Pflau	ne		Pflaume
Pfan	me		
Pflas	fen		
Trop	ter		
Pfo	sich		
Pfir	te		

Name: ______________________

-ß

ß ß

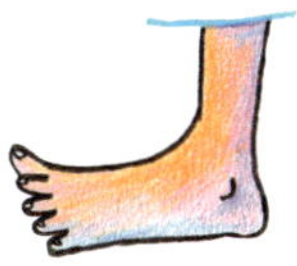  

Fuß | Strauß | Floß

Straße | Klöße | Grüße

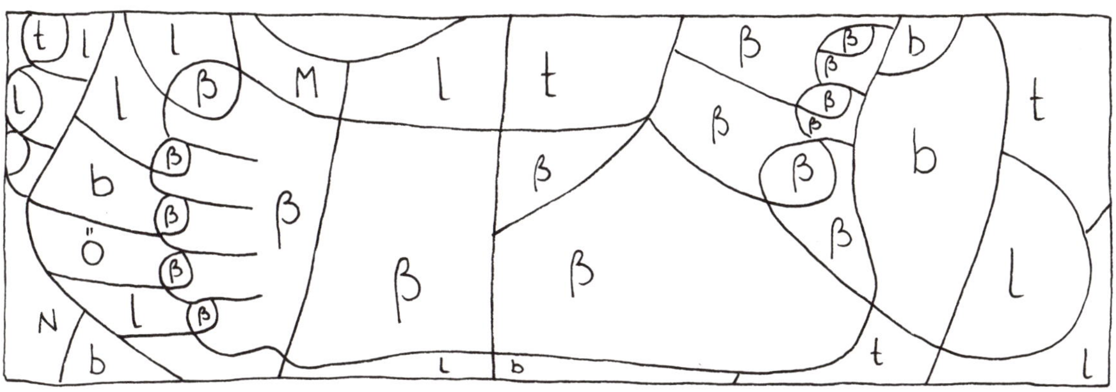

-ß

-ß

4

Ein
gro-
ßes
Ze-
bra
baut
flei-
ßig
ein
Floß
für
den
Vo-
gel
Strauß
grü-
ne
Fi-
sche
drei
mü-
de
ein
Haus
für
den
Mond
bau
en

Name: ____________________  -ng

ZEITUNG
CK

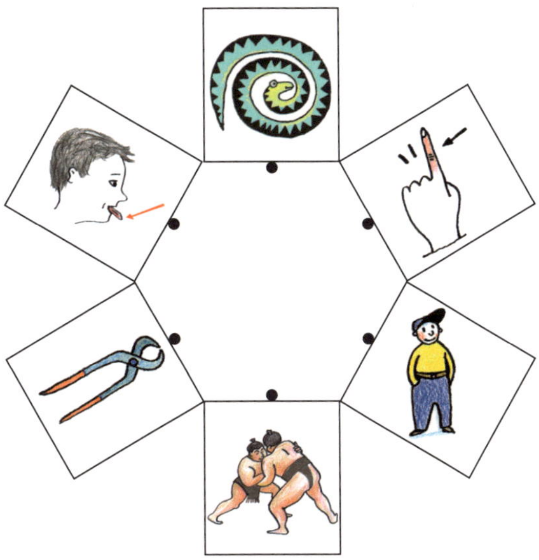

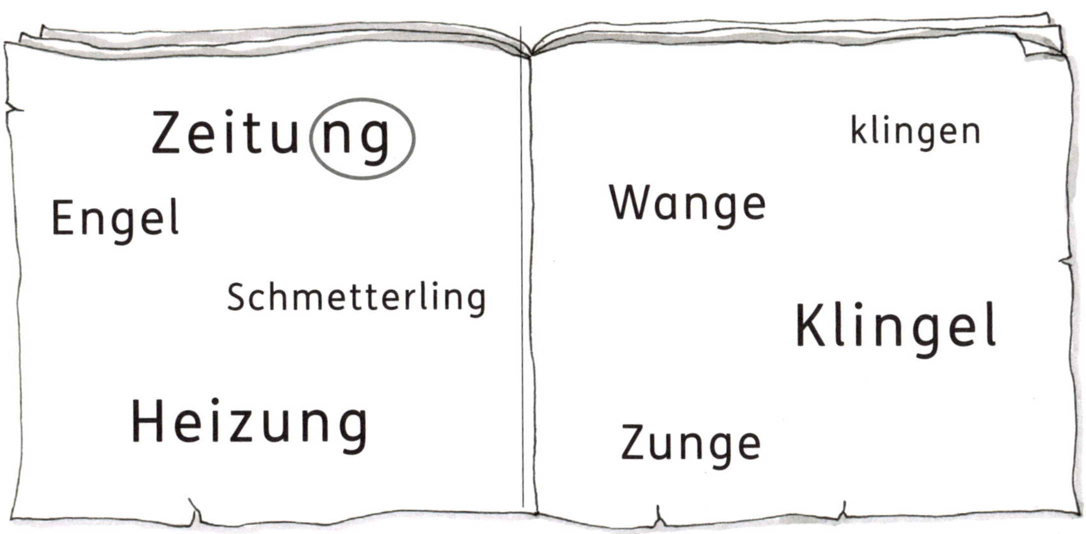
Zeitung
Engel
Schmetterling
Heizung
klingen
Wange
Klingel
Zunge

R	I	N	G	K	Z	D

K	L	I	N	G	E	L

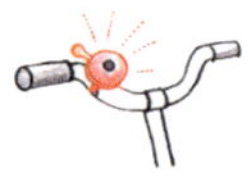

I	J	U	N	G	E	W

Z	E	I	T	U	N	G

-ng

Name: ______________________________

ck ck

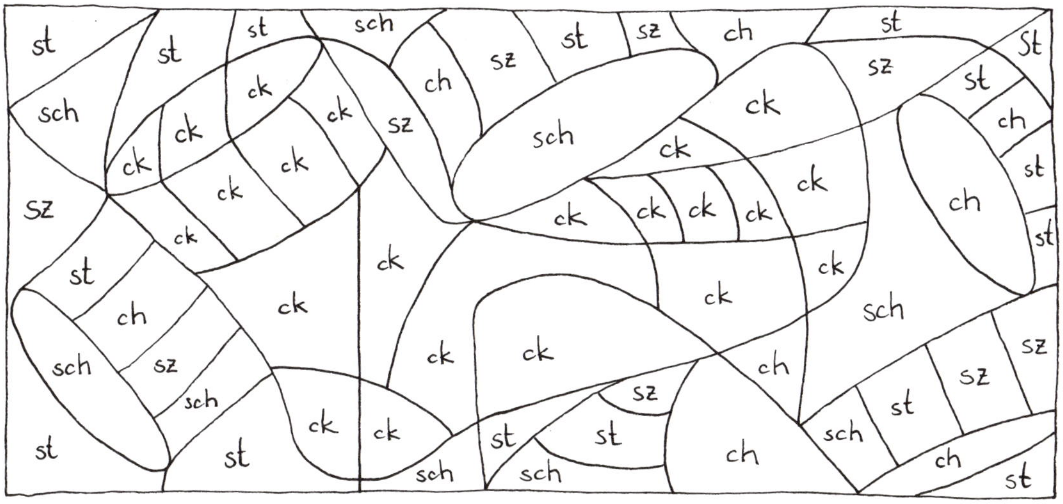

a	J	k	d	M	ü	c	k	e
D	a	c	k	e	l	x	e	g
ö	a	v	R	o	c	k	n	w
T	ä	S	o	c	k	e	m	l

Dreck

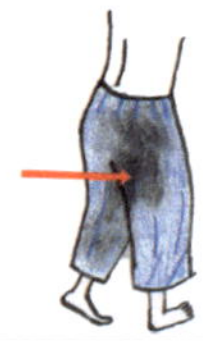

Ecke

-ck

Name: ____________________

-tz

tz tz

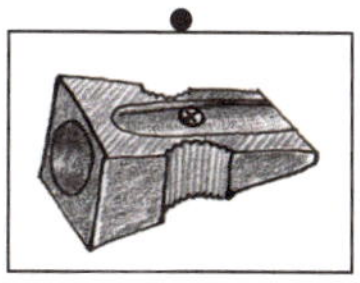
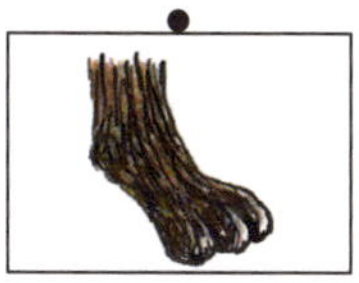

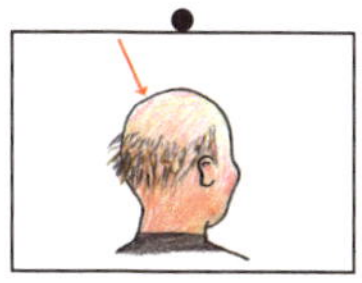
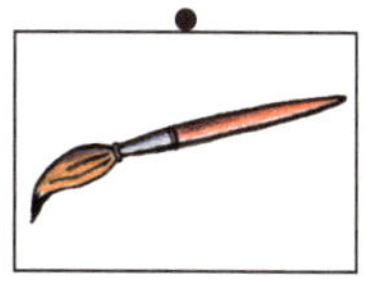

tz

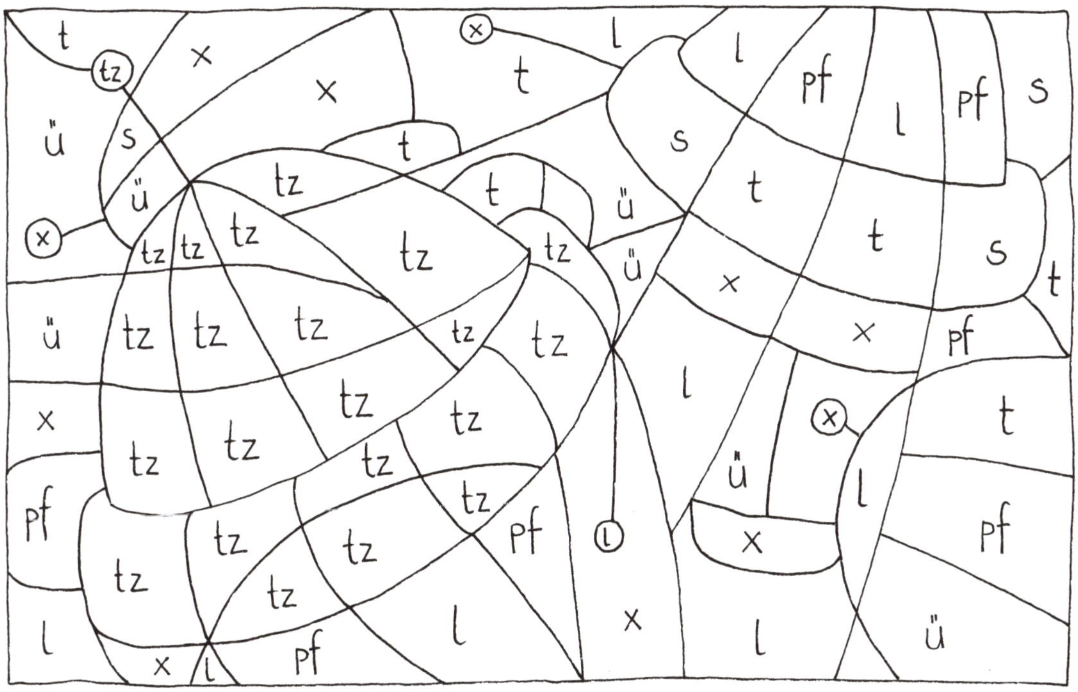

-tz

Flitzer

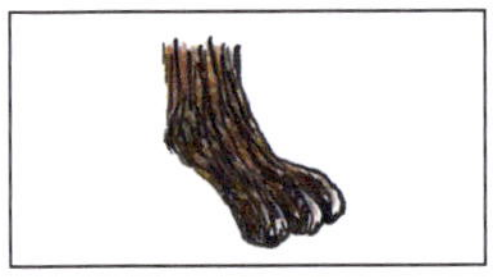

Tatze

Spatz

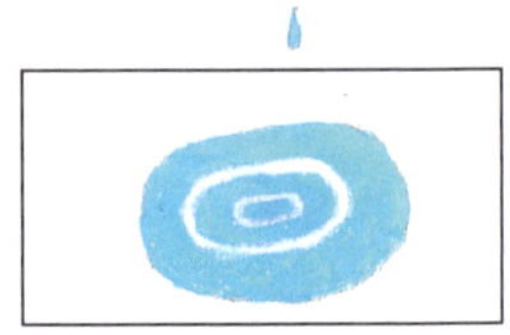

Pfütze

Katze

Mütze

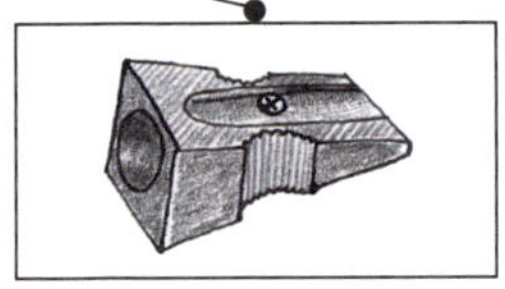

Spitzer

Schatz

-tz

Name: ______________________________

ie ie

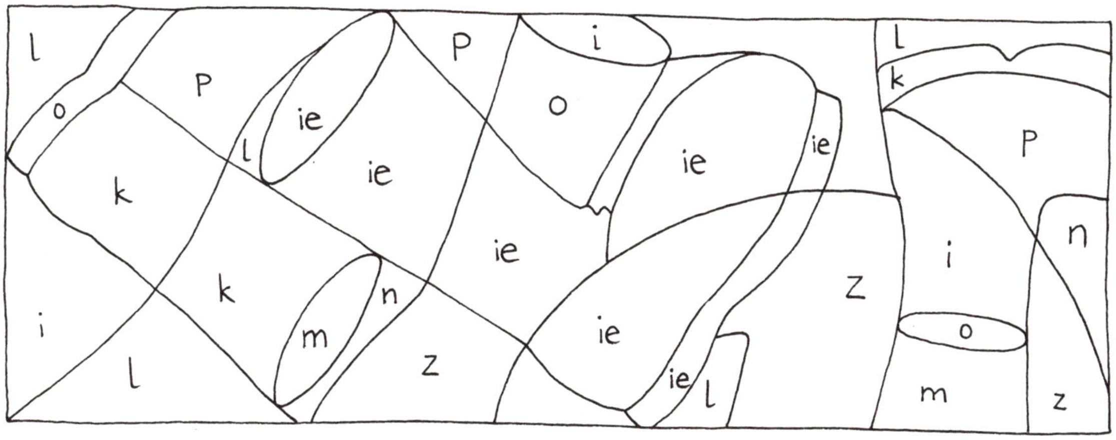

A	Z	w	i	e	b	e	l
V	F	l	i	e	g	e	o
B	i	e	n	e	l	ä	g
B	r	i	e	f	K	g	f
S	t	i	e	f	e	l	q

 Zwiebel

D | | b

Z | | g | e

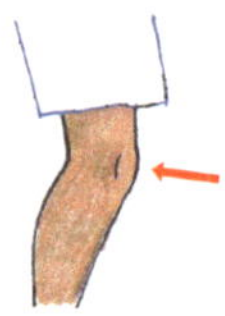

K | n |

R | | s | e

Name: ______________________________

Ä ä Ä ä

Mädchen
Käfer
Bär
Säge
Jäger
Käse
März
Rätsel
Märchen
Ärger
Äpfel

Mädchen | Bär | Käse | Käfer | Jäger | Säge

J		g	e	r

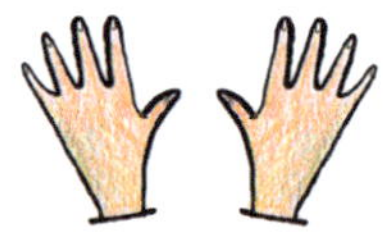

H		n	d	e

B		r

T	r		n	e

K		s	e

K		f	i	g

Name: ____________________  -äu

Äu Äu

äu äu

    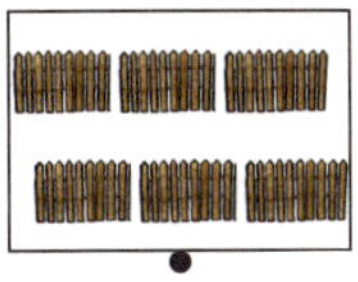 

Mäuse	Bäume	Läuse	Kräuter	Häuser	Zäune

Äu äu

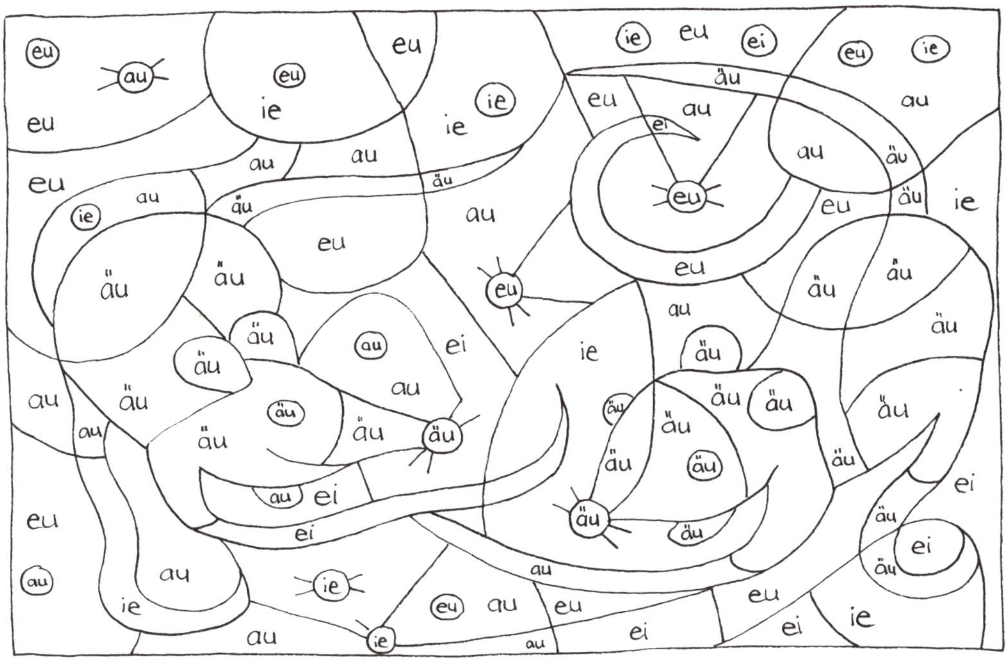

-äu

B		m	e

L		s	e

M		s	e

T	r		m	e